TÉCNICAS RESPIRATORIAS PARA SUPERHÉROES

(RECURSO SEL)

DE
ROSA LINDA CRUZ

Rosa Linda Cruz Counseling & Wellness Services, LLC

ISBN: 9798757044590

PRIMERA EDICIÓN: 11/08/2021

EL AUTOR DE ESTE LIBRO NO OFRECE CONSEJOS MÉDICOS NI PRESCRIBE EL USO DE NINGUNA TÉCNICA COMO FORMA DE TRATAMIENTO PARA PROBLEMAS FÍSICOS, EMOCIONALES O MÉDICOS SIN EL CONSEJO DE UN MÉDICO, NI DIRECTA O INDIRECTAMENTE. LA INTENCIÓN DEL AUTOR ES OFRECER INFORMACIÓN DE CARÁCTER GENERAL PARA AYUDAR EN EL VIAJE DEL BIENESTAR.

TÉCNICAS RESPIRATORIAS
PARA
SUPERHÉROES

NOMBRE:______________________________

____

____

¿QUÉ ES EL ESTRÉS?

1. es tu cuerpo reaccionando a una nueva situación
2. el cuerpo humano está diseñado para experimentar y reaccionar ante el estrés
3. nos ayuda a estar alerta
4. nos ayuda a ser más enérgicos
5. nos ayuda a mantenernos motivados

EL ESTRÉS PUEDE CAUSAR

1. cuerpo en modo de vuelo
2. cuerpo en modo de congelación
3. cuerpo en modo de pelear
4. cambios físicos
5. cambios emocionales
6. cambios mentales

HERRAMIENTAS PARA USAR

1. ejercicio
2. escribir o dibujar
3. dejar salir los sentimientos
4. haz algo divertido
5. reir
6. aprender formas de relajarse

LAS TÉCNICAS DE RESPIRACIÓN PUEDEN

1. disminuir la ansiedad
2. aminorar los niveles del estrés
3. mejorar el enfoque
4. aumentar la energía
5. aflojar los músculos
6. dar sensación de calma

HUELE LA FLOR

cierra el puño y finge que tienes una flor en la mano
acerca la nariz en la flor y respira profundo
contenga la respiración
y
luego exhala lentamente
repetir

SOPLE LA VELA DE CUMPLEAÑOS

apaga la vela en un pastel imaginario
inhala profundamente por la boca
y
exhala por la boca
repetir

RESPIRACIÓN CUADRADA

inhala por 4

mantener por 4

exhala por 4

mantener por 4

repetir

RESPIRACIÓN DE LOS 5 DEDOS

abran la palma de la mano

y

tracen lentamente los dedos mientras respiran

inhala lentamente

y

exhala lentamente

repetir

UNA RESPIRACIÓN DE LA NOSTRIL

coloque el dedo sobre 1 fosa nasal

y

respira profundamente

a continuación, cambie el dedo a la otra fosa nasal

y

exhala profundamente

repetir

ALIENTO DE ROLLO DE HOMBRO

toma una respiración profunda mientras
rodando los hombros hacia los oídos
luego
respire profundamente mientras
dejar caer los hombros hacia atrás
repetir

ALIENTO CONEJITO

tomar 3 respiraciones rápidas por la nariz

y

un largo suspiro por la boca

repetir

ALIENTO DE TACO

riza los bordes de tu lengua como un taco
respire hondo a través del taco
aguanta la respiración por un segundo
luego exhale suavemente por la nariz
repetir

ALIENTO DE BUMBLE BEE

respire profunda y lentamente
manteniendo la boca cerrada
hacer un zumbido mientras exhala
repetir

ahuecar las manos sobre los oídos
respire profunda y lentamente
manteniendo la boca cerrada
y
hacer un zumbido mientras exhala
repetir

RESPIRACIÓN CON BALÓN DE AIRE CALIENTE

ahuecar las manos alrededor de la boca
respira profundamente
y
mientras exhala
expanda las manos hacia afuera
como si inflara un gran globo de aire caliente
repetir

ALIENTO DE VOLCÁN

finge que las manos y los brazos son como lava
que fluye de un volcán
empezar con las manos delante del corazón
con las palmas tocándose
manteniendo las manos juntas
alcanzar hacia arriba y respirar
separe las manos
y
mueva los brazos hacia abajo a los lados
y
exhale
repetir

ALIENTO DE FUEGO DE DRAGÓN

entrelazar los dedos debajo de la barbilla
inhale y levante los codos lo más alto posible
exhale y baje los codos hacia abajo
repetir

LO QUE APRENDÍ SOBRE EL ESTRÉS

NOTAS

MIS TÉCNICAS DE RESPIRACIÓN FAVORITAS

NOTAS

OTRAS HERRAMIENTAS QUE PUEDO UTILIZAR

NOTAS

PUEDO HABLAR CON_____CUANDO ESTOY ESTRÉS

NOTAS

APRENDER ESTAS TÉCNICAS ES IMPORTANTE PORQUE

NOTAS

NOTAS

NOTAS

NOTAS

NOTAS

NOTAS

RECURSOS:

https://greatergood.berkeley.edu/

https://www.samhsa.gov/

https://www.nami.org/Home

https://www.nimh.nih.gov/health/find-help/index.shtml

https://laughteryoga.org/

Made in the USA
Middletown, DE
04 October 2023